समय जो थोड़ा है

राजेश भारद्वाज

Made with ♥ on the Notion Press Platform
www.notionpress.com

मीमांसा

और

अतिप्रिया

के नाम

क्रम-सूची

क्रम-सूची

क्रम-सूची

प्रस्तावना

संवेदनाओं का दस्तावेज़ और स्मृतियों का न्याय

कविता केवल शब्दों का विन्यास नहीं, बल्कि उन अनकहे अनुभवों की गूँज है जिन्हें एक मनुष्य अपने भीतर वर्षों तक सहेजता है। मेरे इस काव्य संग्रह की जड़ें उन रेतीले धोरों, अदालती गलियारों और सुदूर गाँवों की पगडंडियों में हैं, जहाँ मैंने जीवन को उसके सबसे नग्न और सबसे सुंदर रूप में देखा है ।

एक अधिवक्ता के रूप में, मैंने सदैव 'तथ्यों' और 'साक्ष्यों' की दुनिया में सांस ली है । किंतु, कानून की धाराओं के बीच अक्सर वह 'मनुष्य' छूट जाता है जिसकी पीड़ा किसी कानूनी दस्तावेज़ का हिस्सा नहीं बन पाती। यह संग्रह उसी छूटे हुए मनुष्य की आवाज़ है। जब मैं राजस्थान के मरुधरा में 'शिक्षाकर्मी' या 'लोक जुम्बिश' जैसे आंदोलनों का हिस्सा रहा, तो मैंने देखा कि शिक्षा केवल अक्षरों का ज्ञान नहीं, बल्कि आत्मसम्मान की लड़ाई है । 'संधान' के साथ बिताए वे वर्ष मेरे लिए किसी शोध से कम नहीं थे, जहाँ मैंने बच्चों और महिलाओं के संघर्षों को बहुत करीब से महसूस किया ।

कविता मेरे लिए केवल शब्दों का विन्यास नहीं, बल्कि उन अनकहे अनुभवों का 'हलफनामा' है जिन्हें मैंने जीवन की अदालतों और समाज की पगडंडियों पर महसूस किया है। एक अधिवक्ता के रूप में मैंने तथ्यों और साक्ष्यों की दुनिया में सांस ली है, लेकिन कविता में मैंने उस 'सत्य' को खोजा है जो अक्सर कानूनी फाइलों में दर्ज नहीं हो पाता। मेरा यह संग्रह उन 'धान के खेतों' की उपज है जहाँ किसान के संघर्ष की गूँज है। जैसा कि मैंने महसूस किया:

"जिस बरस किसान करता है आत्महत्या, रोटी में होता है कसैला स्वाद।"

मेरी कविताओं में आपको दक्षिणी राजस्थान के उन प्रवासी बच्चों की सिसकियाँ भी सुनाई देंगी जो बेहतर कल की तलाश में पलायन करते हैं । इसमें उत्तराखंड की उन महिलाओं का आत्मविश्वास भी झलकेगा जिन्होंने अपनी अभिव्यक्ति की शक्ति को पहचाना । एक पर्यटन विशेषज्ञ के रूप में राजस्थान की विरासतों की व्याख्या करते हुए मैंने समझा कि इतिहास केवल राजाओं की गाथा नहीं, बल्कि आम आदमी के पसीने और कला की अमर कहानी है ।

रेडियो एवं मंचीय नाटक की कला ने मुझे जीवन के उतार-चढ़ाव सिखाए, तो पत्रकारिता ने शब्दों की मर्यादा । इन सभी अनुभवों ने मिलकर मुझे एक ऐसी दृष्टि दी, जहाँ मैं अन्याय को देखकर मौन नहीं रह सकता था। मेरी कविताएँ मेरा 'हलफ़नामा' हैं—समाज के प्रति, न्याय के प्रति और स्वयं के प्रति।

यह संग्रह उन सभी साथियों, शिक्षकों और उन अनजान चेहरों को समर्पित है जिनसे मैंने जीवन का असली व्याकरण सीखा है । उम्मीद है कि ये शब्द आपके हृदय के किसी कोने में संवाद की एक नई खिड़की खोलेंगे। अंत में, मैं उन सभी गुमनाम बच्चों, मजदूरों और ग्रामीण महिलाओं का आभारी हूँ, जिनके संघर्षों ने मेरी कलम को स्याही दी। यह संग्रह उन सभी की आवाज़ को समर्पित है।

– राजेश भारद्वाज (अधिवक्ता एवं सामाजिक कार्यकर्ता)

धान के खेत

धान के खेत

रोटी खाते
समय मैं
धान के खेतों को
सोचता हूँ

नीम अँधेरी रातों
में खेतों की
रुखाली करते
किसान को
किसी पाल पर
ढूंढता हूं।

मण्डी बाजारों में
आढ़तिए साहूकारों
के बीच
कमजोर देह में
बोझ तले दबे
किसान के साथ
कान्धा लगाना
चाहता हूँ

सोचता हूँ
कितना कर्जा
चुकाया होगा
इस बरस ?

अन्त में
प्रार्थना करता हूँ
एक और बरस
उसके जिंदा
रहने के हौसले
के लिए

क्योंकि जिस बरस
किसान करता है
आत्महत्या
रोटी में होता है।
खून का
कसैला स्वाद

उनको क्या पता

उनको क्या पता
कब प्रदेश चला
गया था बेटा ?

क्या पता की
कर्जा लील
जाता है
घर की खेती
भ्रष्ट है
ग्रामसेवक और गिरदावर

सरकारी नौकरी के
फारम भरते भरते
माँ की पाजेब
बिक गयी
उनको क्या पता ?
किस महानगर की
कौन गन्दी बस्ती में
किसी अवैध चाल में
कहाँ रहता है बेटा ?
उनको क्या पता

केदारनाथ में निरपराध...

(संदर्भ: केदारनाथ विभीषिका (जून 2013) – एक मानवीय और प्राकृतिक त्रासदी

यह कविता जून 2013 की उस प्रलयंकारी आपदा की गूँज है, जिसमें केदारनाथ घाटी में बादल फटने और चोराबाड़ी झील के टूटने से आई भीषण बाढ़ ने करीब 5,000 से अधिक लोगों को लील लिया था और हज़ारों को लापता कर दिया। यह घटना केवल एक प्राकृतिक प्रकोप नहीं, बल्कि हिमालयी पारिस्थितिकी के साथ मानवीय छेड़छाड़ और अनियंत्रित निर्माण का वीभत्स परिणाम थी। जब मंदाकिनी के रौद्र वेग ने सदियों पुराने भूगोल को बदल दिया, तो वह ईश्वर का तांडव नहीं बल्कि मनुष्य की उन 'बलवती इच्छाओं और लालसाओं' का ज़हर था, जिसे पहाड़ की बूढ़ी जटाएँ सह न सकीं । इस विभीषिका में 'शिव' संहारक नहीं, बल्कि एक ऐसे 'निरपराध पिता' के रूप में खड़े हैं, जो अपने ही बच्चों की लाशों के बीच मूक और घायल है । यह नोट इस कटु सत्य को रेखांकित करता है कि उस दिन प्रलय की 'तीसरी आँख' ईश्वर ने नहीं, बल्कि मनुष्य के अहंकार और अनियोजित विकास ने खोली थी ।)

नहीं
इसलिए नहीं
संहारक कहते मुझे
वह न शिव का तांडव था

ना ही था मेरा रौद्र रूप
ना ही खोली थी मैनें तीसरी आँख

इस बार भी मंदाकिनी के रौद्र में
मैं ही था
जो गले तक बहते
पानी में
सबसे पहले बहा
त्रासद इससे ज़्यादा
कुछ हो नहीं सकता
कितना कुछ बहा
कितना कुछ टूटा

थे मेरे हृदय के टुकड़े असंख्य
जो बहे
वे अश्रु थे मेरे
तुम मेरे बच्चे हो
मुझे प्रिय

पिता की आँख से
देखा
हमेशा तुम्हारी बलवती होती
इच्छा, आकांक्षाओं और लालसाओं को
बूढी होती जटायें
कब तक सह सकती थीं
महत्वाकांक्षाओं के वेग

ज़हर गले से नीचे
उतर आया था
फैल गया था

शरीर की धमनियों
और अंदरूनी अंगों तक

पहली बार
केदारनाथ में
भूतहा हो चुके
घर में अकेला था
मृत्यु के चौंतरफा
पसरे सन्नाटे में

अपने बच्चों की
लाशों के बीच
छिटक गया था
माथे से चंदा
घायल था नंदी

युगों पहले
अकारण ही नहीं
आ छुपा था मैं
केदार की सूनी
कंदराओ में

कुछ तो रहा ही होगा
तुम्हारे धर्मयुद्धों में
जिससे मैं सहमत
नहीं हो पाया
टूटे घर में

एक कमज़ोर
और
निरपराध
पिता की भाँति
मैं बैठा था चुपचाप

क्यूँ की इस बार
नेत्र
मैंने नहीं
तुमने खोला था

लाईक एक बटन है

लाईक एक बटन है
भावना नहीं.....
जरुरी नहीं सच में ही
किया हो लाईक ।

कई लोग
कई - और कारणों
से भी दबाते है
लाईक बटन
कुछ लोग
खरीद भी लेते है
लाईक ।

सेल्फी, फोटोशाप
और ईमौजी
से दिख सकते है
सुन्दर और खुश ।

हजारों मित्र, मुखर प्रतिक्रियाएं
और कोसों दूर
कोने मे
स्क्रीन के आगे
अकेला बैठा आदमी ।

सूने और आऊट आफ फैशन
हो गये
मिलने के अड्डे
ढूँढता हूँ.......
सूने खड़े नीम पर
बच्चों का कोलाहल
और निबौरीयां ,
याद आती है वह
थड़ी की चाय ।
रात को छतों से
एक दूसरे के जाना
बतियाना घन्टों
बड़ा नेटवर्क
था हमारा ।

भोर की घास पर
ओस की बूंदें.....।
शर्मिला इन्द्र धनुष....।
सर्दी की धूप....।
अरसा हो गया
इनसे मिले ।
जीवन पर एक कृत्रिम
पॉलीथिन की परत
वाल wolके उस पार
बैठी है.....
उदास पत्नी
शायद ही कभी
संवारती हो चेहरा
बेफिजूल ।

न जाने कहाँ
गये है बच्चे ?
खो गयी है
उनकी मासूम मुस्कान
जिसे मैं सच में
करता था लाईक ।

मन करता है
इस अधेड़ उम्र मे
गली में भागूं
बेफिक्र
किसी कटी पंतग
के पीछे ।
घर ले आऊं
थोड़ा सा इन्द्रधनुष,
कुछ मूंगफलियां
और
थोड़े से मित्र......।

गोरैया

जिस गोरैया की
चहचहाट मोबाइल में
सुनकर उठता हूँ
बचपन में
घर का पेड़
लदा रहता था
उनसे

हमने कंक्रीट
के जंगल खड़े
कर दिए
और गौरयाओं
को मार डाला

पापा ने
पूरी जिंदगी
साइकिल पर ही
गुजार दी थी।

हंस कर
एक ही
बात कहते थे।
बेटा
कर्ज ले कर
घी नहीं पीते।

न मैं उनको
जान पाया था
न उनकी बातों को
थोड़े से
पैसों में
घर चला
लेते थे
ना कोई एटीएम था
न ईएमआई को
जानते थे।

न बुफे देखा था
ना केटरिंग
का ज्ञान था
पर घर में
कोई मौका हो
तब खानेवालों से
ज्यादा लोग
पुरसगारी में
खड़े रहते थे।

न फादर डे
समझते थे
ना डॉटर्स डे
पर किसी को
कोई कमी ना पड़े
दिन रात जुटे
रहते थे
शायद हमारी खुशी
ही उनका पैशन थी

बर्ड सांउड का
अलार्म सुनकर
गौरयाऐ याद
आ गयी।
कैसे पापा
घर में उनकी
चहचहाट से
उठते थे।

आज तो
एक भी नहीं बची

विसर्जन

उपलब्धियों के पीछे
तो सभी भागते हैं
पर जीवन का
असली आनंद तो
विसर्जन में है

जीवन बहुत अप्रत्याशित है
ताजी चीजों का कभी
आनंद नहीं ले पाओगे
यदि बासी का
उत्सव
न मनाया हो

पापी पेट के पीछे
तो सभी
भागते फिरते हैं
लेकिन अच्छा स्वास्थ्य
उपवास में छुपा है
यह कब जाना ?

पूर्णिमा की चांदनी
का उत्सव
मनाना अच्छा है
लेकिन भगवान क्यूं
काली रात में
जन्म लेते हैं ?

यदि उगते सूरज को
अर्घ लगाते हो
तो रात्रि में
छोटे दिए का
महत्व मत भूलना

यदि रोजे ना करते
तो अमृत का स्वाद
कैसे चख पाते ?

जीवन में
जो आवश्यक है
सृष्टि ने
सबको दिया है
शेष सब तो
मनुष्य के
लालच और क्षुद्रता
के स्मारक है।

जरूर होंगी ऐसी भी स्त्रियाँ

आदर्श बहू

पढ़ी-लिखी आदर्श बहू
होगी बेटी हमारी
गृहकार्य में दक्ष
गोरी, सुन्दर, सुशील

एक फैक्टरी है
भारतीय समाज
आदर्श बहू
गढ़ने में

वर्षों दुपट्टे में
ठूंस कर रखा
अपना चेहरा
हर रोज मला है
संतरे के छिलकों
का लेप

गोरी तो होगी ही
होगी वह सुशील भी
गर्ल्स स्कूल में
दम घुट जाए
ऐसी आजादी
सीमित आना जाना

कहीं कुछ हो गया तो...
का डर

फिर कुछ हो
नहीं पाया
उसके जीवन में

वह वहीं रह गयी
और समय
आगे बढ़ गया उससे

जो लड़कीयां
फीमेल इंफ़ेंटिसाइड
से बच भी जाती हैं
क्या वे हमेशा
बची रह पाती है ?

गूंज

घर के सामने
पार्क मे लगा है
एक पुराना झूला

झूले पर एक
बुजुर्ग कामवाली बाई
निश्चित समय
झूलती है
हर रोज

शालीन बस्ती में
जंग लगे झूले की
कर्कश आवाज
दूर तक गूंजती
रहती है ।

पर उसकी
शून्य में ताकती
आंखों मे
एक कविता बहती है

तुम कौन हो !

- काली है बहुत
- मोटी है
- वो परकटी
- चरित्रहीन कहीं की

नहीं बता पाता
वह लड़की कौन है ?

पर यह जरूर
बताता है
कि
तुम कौन हो !

चरित्रहीन औरतें

सुना है
खुल कर हंसती हैं
चरित्रहीन औरतें

कपड़े तक
अपनी इच्छा से
पहन लेती हैं

बगैर
आज्ञा के
चली जाती हैं
बाहर

शाम होते
नहीं दुबक जाती
अपने घरों में
आदमियों जैसे
घूमती हैं बाहर

यह तक
नहीं सोचती
ऐसा सब
करने पर
"क्या कहेंगे लोग ?"

कमजोर औरतें

औरतें कमजोर होती हैं
और
कमजोर होते हैं बच्चे
जब दोनों साथ हो
तब
वे होते हैं
सबसे कमजोर

सरकार क्यूँ
डर रही है
शाहीन बाग में
औरतें ही तो हैं
बच्चों के साथ

ज़रूर होगी ऐसी भी स्त्रियाँ

ज़रूर होगी ऐसी भी स्त्रियाँ
जिनका सहज सामान्य जीवन होता हो
जिनका पैदा होना रही हो ख़ुशी की बात
बग़ैर भेदभाव के रहा हो बचपन
जिनके नहीं रखे गए हो कंलकित नाम
सामान्य प्राणी सी घूम सकती
बग़ैर घूरती वासनामयी नज़रों के
जिनको नसीब हुऐ हो
जीने के बुनियादी अधिकार
हीन भावना से दूर

जहाँ वो सिर्फ़ एक देह नही
एक भाव , विचार और
एक उन्मुक्त हँसी हो

जहाँ वो सिर्फ़ एक
साधारण सी स्त्री हो ।

दो दुनियांऐ

खुब मेहनत से
घर को
संवार कर
रखती

थक जाती
तब
सो जाती
कुछ देर

आंख खुलती
तो
हड़बड़ा जाती
जल्दी -
"उठा क्यूं नहीं दिया ?"

कोई
महत्त्वाकांक्षा
नही है
उसे
पर हमेशा
मदद की
सबकी

मैं
देर तक

जागता
कुछ
टुच्ची कविताएं
लिखता
टुच्चे लोगों
को भेजता

वो
जीवन को
सींचती
व्यस्त थी
अपनी दुनियां में
मैं परजीवी
खोया था
कहीं
आत्ममुग्ध

आख़िर में पत्नी ने कहा था...

पढ़ी हुई किताबों में से
किसी एक को फिर से
पढ़ा जाए ।
उन्हीं बातों को
नए संदर्भ मे
देखा जाए ।

ख़ुद की
प्रासगिकता को यूँ
खोने से बेहतर है
नज़र मिला कर
आईना को देखा जाये
इस धूल के पीछे
अभी भी

बहुत कुछ शेष है ।
बहुत कुछ बाक़ी है ।

पत्नियां अक्सर हार जाती है

अपना सबकुछ लुटा
देने के बाद भी
पत्नियां अक्सर हार
जाती है प्यार में

काम की तनियों में
फंसी छाते सी फेल
झेल लेती है हर बारिश
पर अब तुम
उतनी सुंदर नहीं रहीं

समय जो थोड़ा है

अपने घरों से दूर (१)

अपने घरों से
दूर मत जाओ
वे उदास
हो जाते हैं ।

अकेलेपन में
जर्जर
वे जल्दी
मर जाते हैं।

घर के चूने में
पिता का पसीना
मां के आंसुओं
की सीलन है

कहते है
घरों में
पुरखों का वास हैं ।

पता नहीं क्यूं
घर के बाहर
कभी वो नींद नहीं आती।

शहर साथ चलता है (२)

घरों को मिलाकर
ही तो शहर
बनते हैं
जिनकी अपनी
तहज़ीब होती है

तुम दूर जाते हो
शहर अपनी
पहचान खो
देते हैं

तुम जहां भी जाओ
थोड़ा शहर
साथ चलता है
और थोड़े तुम भी
छूट जाते हो
शहर में।

उसी की मिट्टी से
बने हो तुम।
और तुम से
बना है वो।

समय जो थोड़ा है

एक होता है समय
और
एक होता है काम
हर एक काम का
होता है एक समय

एक होती है चीज
और
एक होती है जगह
हर एक चीज की
होती है एक जगह

जब चीज जगह पर
नहीं होती
ढूंढने में
रीत जाता है
समय
किसी दूसरे काम का

जब समय की
उधारी बढ़ती है
तब टूट जाती है
व्यवस्था
भीतर और बाहर की

तब भी
बचा रहता है
नींद में कहीं
सपने
का समय...

शिकायत

कुछ नहीं भी होते
उतने अच्छे

न ही खरे
उतर पाते हैं
उम्मीदों पर

आंख में
क्या है जो
खटकता है

झील की गहराई
में गुम है
एक शिकायत

उदासी कब से
रहने लगी है ?
झील के किनारे

फिर भी वो
बेटा होता है
किसी का ...
एक साधारण बेटा

समानता

जंगल में
सारे पेड़
सुन्दर नहीं होते

न ही वे
उगते हैं
खुबसूरत
जगहों पर

वे बस
एक पेड़
होते हैं
साधारण
पेड़ जब
कट जाते है

तब समान
हो जाती है
सारी लकड़ियाँ

झील और किनारा

झील के
प्यार में
एक किनारा
रहने लगा
उसके पास

बह कर
खत्म हो
जाने से
बचा लिया
झील को

किनारे और झील
साथ रहते हैं
जरुर
पर कभी एक
नहीं हो पाते

दीवार और खिड़की

हमारी ही तरह
हर रिश्ते का भी
एक घर होता है

अपनी रसोई में
रिश्ता भी
बनाता है भोजन
किसी कमरे में
सो कर
हो जाता है
तरोताजा

कभी
पड़ा रहता है
देर तक
आलसीयों
की भांति

किसी बालकनी में
झटकता है
अपने बाल
इठलाता है
अपनी सुन्दरता पर

सुरक्षित रहता है
वह अपनी
चारदीवारी के
भीतर
उसके घर की
मजबूत दिवारों
में भी
जरूरी होती है
खिड़कियां
जहां से आती है
ताजी हवा
और रोशनी
भीतर तक
अँधेरे बंद कमरों में
जमने लगती है
सीलन और दुर्गन्ध
बीमार और कमजोर
कर देती है उसे

दीवार के
साथ साथ
जरूरी होती है
खिड़कियां भी

बच्चों के सवाल

यूँ आसान
नहीं होता
बच्चों के मासूम
सवालों के
जवाब दे पाना
उस क्षण
बचा तो जा सकता है
कुछ झूठी दिलासा से

पर उसका
सच्चा मन
सबकुछ
देख रहा होता है

हमसे कहीं ज़्यादा
संवेदनशील है उसकी
इन्द्रियाँ

यूँ आसान भी
नहीं होता
मासूम आँखो
के आगे
झूठ बोल पाना
जल्द ही
उतर जाती है
इन झूठी दिलासाओ

की पपड़ियाँ

झूठ फरेब के
रिश्तों मे
कहीं बच्चा
यह न मान ले
इस दुनिया में
सभी बोलते है
झूठ

ना होना

किसी के
ना होने
से भी बड़ा
एक दु:ख
होता है
हो कर भी
ना होना

पहले हम
रिश्तों
की मदद से
पूरी कर
लेते थे
अपनी जरूरतें

आज रिश्ते
उन्हीं से
रखें जाते हैं
जिनसे होती है
जरुरतें

ग़म ना करें
ले आएंगी
वापस उनको भी
आप तक
कोई ना कोई
ज़रूरत

तब कर लेना
कुछ अपने
मन की भी
जरुरी बातें

मोल

जब तक मोल
समझ में आता है
विदा हो जाती हैं चीजे
जैसे की पिता

दूर भागने के बाद भी
हर बार
जाने कहाँ से
बचा लेता था
उनका वो
अनचाहा हस्तक्षेप

धुंधलके मे

बरसों बाद
मिले
किसी से
धुँधलके मे

मै पहचान गया
खुद को
वो आवाज
खो गयी थी
सदियों लंबी तन्हाई
अन्तस की
अतल गहराइयो
सुने रेगिस्तान में
दूर कही
फिर से पुकारा

ओर क्या चाहिए

कोई हो
जो चाय से
प्यार करे
और
उसके साथ
हमसे भी
जिन्दगी में
ओर क्या चाहिए

अँधेरे से है मुहब्बत

अँधेरा ही तो है जो बचा लेता है
झूठी दुनिया से गहरी नींदों में

इतना भी बुरा नहीं होता अँधेरा
आखिर चांद रात में निकलता है

तुमने चांद को प्यार दिया
अँधेरे को भुलाया हर बार

अँधेरे कभी शिकायत नहीं करते हमसे
आंसूओं की तरह कभी धोखा नहीं देते

अँधेरा में कभी कोई शीशा नहीं चाहता
वहां कोई छद्म रुप में रहना नहीं रहता

अँधेरे में कभी बेइज्जत नहीं होता मैं
न होता हूँ शर्मिंदा अपने आंसुओं पर

मां के गर्भ में अँधेरा ही तो था मेरे साथ
यह सफर अँधेरे के एक छोर से दूसरे तक

खामोशी बोलती है

वो जब उदास होता है

हवाएं ठण्डी हो जाती है

सूरज पीला पड़ जाता है

वीरान हो जाते है शहर

दूर आसमान मे
देखने लगती है चिड़ियाँ

जंगल मे दिखते

है सूखे दरख्त
वो जब उदास होता है

खामोशी गहारने लगती है

बंटवारा

साथ बैठे है सब
हमेशा के लिए
अलग होने के लिए
माँ कूट रही है
अदरक

जैसे बचपन में
बनाती थी चपाती
एक थाल में
साथ खाते थे हम सब
गुरबत में
हाड़ कँपाती ठंड में
देर तक बैठे रहते थे
बाबूजी की बनायी
गर्म सिगड़ी के पास

आज भी सब
बड़ो के साथ
मैं सीढ़ी पर ही बैठा था
दीवार में अब भी
वो निसान दिख रहा था
बचपन में बहन ने कुरेदा था
तितली का आकार
ससुराल में खटती
मर गई थी वो गए साल

जब सबकुछ
बिक जाता है तो
यादे साथ
बिक क्यों नहीं जाती ?

बाहर सूखे गमलों में
पड़ा है तुलसी का चौरा
घर की ख़ुशियो के लिए
माँ सींचती रही ताउम्र
वही पड़ी थी वह टूटी सिगड़ी
जिसे बाबूजी ने बनाया था
अपने हाथों से

बुझा नहीं सकते

आग को आप
बुझा नहीं सकते
नफासत से
वह चाहे
खेत की हो
या दिल की

डालने पड़ते
है पत्थर
बेदर्दी से
बिखेरना पड़ता
है सबकुछ

फिर भी
सुलगते
रहते हैं
अंगारे
जाने कितने
दिनों तक..

मां खुद आती है

जब सब कर देते है इन्कार
मां खुद आती है

जीवन भर नहीं पाल सकते
माता पिता हमें
और
हमारे बच्चों को
बहुत फर्क होता है
खेलना
नाते पोतियो के साथ
और उनको पालना
आया के जैसे ।

उम्र के आखिरी
दौर मे
थक जाता है इंसान
अतिरिक्त जिम्मेदारीयां
तोड देती है मनोबल

फिर भी
जब सब कर देते है इन्कार
मां खुद से आती है

राह के संघर्ष

राह के संघर्ष
मन मिले
तब आनंद है
वरना दुश्वारियां

राह में बाधा
ना हो तो
जीत की ख़ुशी
भी कहा होगी

वरना तो
महलों में भी
उदास है जीवन
नीरस हैं
सब ऐशों-आराम

यही समय है कविता का

मिड डे मील

*(*16 जुलाई 2013 को छपरा के धर्मासती गंडामन गांव के स्कूल में कीटनाशक से दूषित मिड-डे मील खाने से 23 बच्चों की मौत हो गई थी। जांच में पाया गया कि खाना पकाने के तेल को कीटनाशक के डिब्बे में रखा गया था, और बच्चों द्वारा खाने के स्वाद की शिकायत के बावजूद स्कूल प्रबंधन ने उन्हें खाने पर मजबूर किया। स्कूल में अनाज और सामग्री भंडारण के लिए उचित व्यवस्था नहीं थी और स्थानीय प्रशासन द्वारा गुणवत्ता निरीक्षण का पूरी तरह अभाव था। यह घटना भारतीय शिक्षा और प्रशासनिक व्यवस्था की एक अत्यंत दुखद और शर्मनाक विफलता मानी जाती है।)*

मासूम उम्र मे
विद्या की शाला मे
शिक्षक के द्वारा
भ्रष्ट व्यवस्था ने
तुम्हारी थाली
परोसा भरोसे का विष
इस हत्या ने
सभी मर्यादाऐ तोड़ दी थी

यह समय नहीं था
तुम्हारा चले जाना
दुनियां से
इस तरह

सच तो यह है की
हम सब अपराधी है तुम्हारे
यह समय नहीं है
दोषारोपण, छोटे चरित्र
और भष्ट आचरण का
कोई स्वीकारे ना स्वीकारे
मैं स्वीकारता हूँ
अपना अपराध

हम में से हर एक
भागीदार है
तुमे वह सब ना दे
पाने का
जिसके हक़दार रहें
तुम सदा

हो सके तो हमें माफ़ करना
तुम पैदा हुवे
हमारे समय में ।

यही समय है कविता का

ज्यादातर तो
बिक गये
बाकी
साधे बैठे है
चुप्पी
कुछ गुपचुप
बिके
कुछ बिके बेशर्मी
की हदें पार
चाटुकार नवाजे गये
ऊंचे ओहदो, बड़ी पदवियाँ
और
आलीसान सरकारी आवासों से
पूंजी ने ध्वस्त
कर दिये
लोकतंत्र के
सभी स्तंभ
और आसार

प्रौपोगैढा के
नौबतखाने मे,
तूती की आवाज
सच गिरफ्तार है
राष्ट्रद्रौह के आरोप में

अरसे तक
कोई झांका नहीं
काल कोठरी
के भीतर
लहू जम गया था
फर्श पर गहरा

अपने ही लहू से
कवि ने लिख दी थी
आज़ादी की
कविता

काल कोठरी
की कैद से
रोज अंनत मे विचरण
करता है उसका मन

देह को
किया जा सकता है
कैद
विचारो को नहीं
कैद की अपनी
सीमाएें है
कविता हर सीमा
के पार

लाजिमी है चोर का होना

कुत्ते भी जानते हैं
लाजिमी है
चोर का होना
ख़ुद उनके
रोजगार के लिए

एक दूसरे के जोड़ से
चलता है धंधा
यूहीं पुलिस
हर बार
देर से नहीं आती

जैसे हर दोस्त दोस्त
नहीं होता
ना ही हर दुश्मन
दुश्मन होता है।
लोग नहीं जानते
लेकिन कुछ दोस्तों
को रखना होता है
दुश्मन के
भेष में

मच्छर की भाँति

बचने की लाख
कोशिशों के बावजूद

बहुत शातिर
तरीके से चुपचाप
घुस आते हैं
आपके घरों के
भीतर तक

सबकुछ
सामान्य सा
दिखता है
उनकी मौजूदगी
के बावजूद

कब उतार दे
जानलेवा जहर
नसों मे
पता भी
नहीं चलता
धीरे धीरे
फैलता जहर
हावी होने
लगता है
दिलो दिमाग पर

कमजोर होती है
बच्चों की
प्रतिरोधक क्षमता ।

हत्यारे जानते है
अपना काम।

गौ माता

पशुधन पर
राजनीतक उपद्रवों ने
बहुत सीमित
कर दिया है
गरीब किसान
का पगफेरा

रुह कांप जाती
जब घर से
निकलता है बेटा

हर सोलवें मिनट
एक किसान की
आत्महत्या
अकाल की मार
और पशुधन
पर
सीमित होते
अधिकार

आत्महत्या
यह शब्द बचा
लेता है
इसके पीछे
छिपे हत्यारे को

पूरा निचोड़
लेने के बाद
तन्त्र और बाजार
लटका देता है
किसान को
फन्दे पर

मां की गोद मे
जैसे कोई
झूल जाता है
बैफ्रिकर
असीम शान्ति
सब शोषण से मुक्त

एक मृत पोस्ट को श्रद्धांजलि

(गौरी लंकेश की दिन दिहाडे नृशंस हत्या के बाद उपजी आत्मग्लानि पर..)

कुछ लिख कर
रहने ही दिया...
या जो लिखा
कुछ ज्यादा ही संकेतों मे
अर्थहिन..

एक आध बार
तो पोस्ट करके भी
हटा ली अपनी
मामूली टिप्पणी....

डीलिट करने पर
मरते नहीं विचार
मन के अंधेरे या
कच्ची नींद के सपनो
मे भटकती है
उनकी आत्मा ।
रोज थोड़ा थोड़ा
करके मरने से
बेहतर है
गौरी लंकेश जैसा
हौसला रखना

पहले ऐसा नहीं था
शायद ही कभी
पत्नी ने
देखी हो मेरी पोस्ट
अब नहीं चाहती
मै लिखूं इन लौगो
के खिलाफ कुछ
हर समय अनचाहा भय
क्यों गुमसुम
बैठे रहते हो
इस कम्प्यूटर के आगे
देखो पौधों मे
कुछ नए
पत्ते आऐ है...

मसला बड़ा था

सब पूंजीपति
प्रतिस्पर्धा छोड़
आ गए थे साथ

वह दिन
दूर नहीं अब
बचेगा नहीं
कुछ भी ओर
खरीदने को
पेट्रोलियम, तेल,
कोयला, सोना
सब हथियाने
के बाद
करेंगे क्या
हम लोग

सारा धन
पड़ा रहेगा व्यर्थ
कहते हैं
सबसे बहुमूल्य
होती है
बच्चें की मुस्कान
कोई मौल नहीं
लगा सकता उसका

बता नहीं सकता

ठीक से
यह कहा किसने
वैसे भी
हवा में इतना
जहर घुला है
सबके चेहरों पर
मास्क है।

गिद्ध

*(** यह चित्र कैविन कार्टर ने लिया था। जो कि एक साउथ अफ्रीकन फोटो जर्नलिस्ट थे। 26 मार्च 1993 को यह चित्र पहली बार न्यूयार्क टाइम्स में छपा था। इस वर्ष उनको पत्रकारिता का सर्वश्रेष्ठ पुलित्जर पुरुष्कार दिया गया। किसी ने उन पर यह आरोप लगाया की सूडान में "वहां एक नहीं दो गिद्ध थे।" यह आरोप कैविन सहन नहीं कर पाए और घोर अवसाद में चार माह बाद मात्र 33 वर्ष की उम्र में ही खुद का जीवन समाप्त कर लिया था।)*

भूख से
मरने ही
वाला था
बच्चा

गिद्ध
जमीन पर
उतर
आया था

हर उखड़ती
सांस के
साथ
धीरे धीरे
नजदीक
खिसकता रहा

स्थिति
गंभीर देख
पत्रकार ने
पहन लिया था
लैंस

जैसे कोई
डाक्टर
पहन लेता है
स्टैथोस्कोप
सैनिक
निकाल लेता है
संगीन

पत्रकार
निकाल लेता है
कैमरा

लैंस से
साफ दिखता है
दिखता है
भूत,भविष्य

उसे उस दिन
नजर आए
असंख्य गिद्ध
जो नोच
रहे थे
करौडो बच्चों

की लाशों को

उन सब को भगाने
के लिए
जोर की आवाज
की उसने
जो गूंज गयी
धरती के
कोने कोने में
"क्लिक ककक"

संजोग

संजोग का क्या
कहीं भी , कुछ भी
हो सकते है

कल एक
मंहगी जुते
की
दुकान गया

वहाँ
हूबहू
एक जूते
पर
लिखी थी
मेरी सेलेरी ।

लोक डाऊन का खेला

लोक डाऊन

जो रोज कमा कर
खरीदता हो नून तेल
वो कैसे ज़िन्दा रहते ?
अचानक तुम ने बंद कर दी
बसे और रैलगाड़िया
राजमार्गों पर पुलिस का पहरा
वो कैसे अपने गांव पहुँच पाते ?
अंत में
जब कुछ नहीं बचा
तब अमुझनी में
वो भूखे प्यासे
पैदल ही निकल गये थे
गाँव की ओर
रास्ते में पुलिस ने मारा
या भूख ने
उनको क्या पता ?
मजदूरों के दुःख से
घायल हैं
देश के राजमार्ग
खून के आंसू
रोती है रेल की पटरियां
उनको क्या पता
इससे पहले
देश के बंटवारे
में भी खो गये थे
घर बार

अपने ही देश में
अफसर पूछते हैं
कौन हो तुम ?
किस गांव से हो ?
लिस्ट में मेरा
नाम नहीं है शायद
मैं मजूर हूं साब
ईवीएम पर
अंगूठा लगता हूं।
बेजा इस्तेमाल से
घिस गये है फिंगरप्रिंट
खो गयी है पहचान
पुराने बक्से में
खो गया है
देश के आधार का कार्ड
उनको क्या पता ?

बंद है रेलगाड़ियां

यह सच है
बंद है
रेलगाड़ियां
तुम्हारे लिए

जो खरीद
सकते हैं माल
उनके लिए
चालू रहती है
मालगाड़ियां

हर सामान पर
खून के छींटें
दिखते हैं मुझे
चालाकी से
पोंछ दिया है
जिन्हें

कुचले जाने से कुछ क्षण पहले

रेलगाड़ी के नीचे
कुचले जाने से
कुछ क्षण पहले

क्या तुमको
अफसोस हुवा ?

क्या तुम माफ
कर पाए
हम ओछे, भ्रष्ट
और अमानवीय
लोगों के
समाज को

क्या तुम ने
सोचा कि
काश मैं
न बिछाता पटरियां
न बनाता रेलगाड़ियां

क्या गर्वीले
राजमार्ग
अपने परिवार
के साथ
भूखे प्यासे
भटकने
के लिए
बनाए थे
विश्वकर्मा ?

उम्मीद

कच्ची नींद और
भूखी आंखों में
तड़के का सूरज
एक उम्मीद होता है

बच्चा बापू के आने
और बाप बच्चे के
सोने के इतंजार में
रात भर भूख से लड़े

सुबह
राख के बीच
अंगारों पर रखी
मां के
चेहरे सी गोल
रोटी जैसा
सूरज

एटीम उदास है

रोज कमा के खाने वाला
गरीब हिन्दुस्तान सकते मे है

जो जितना छोटा था
वो उतना बुरा मारा गया

जो भूख से
हार कर शहर आए थे
वे वापस लौट गए है

जनधन मे जीरो बेलेन्स
डिजिटल पेमेंट, क्रेडिट कार्ड
पेटीम के जुमलो
से पेट नहीं भरता

एटीम उदास है
निराश लाईने के आगे

देहात के सूने मे
रेडियो पर दूर कहीं
बज रही है
नेता के मन की बात

अँधेरा इतना घना है

मजदूरों ने
जिन पटरियों
को बिछाया

बनाया जिन
रेलगाड़ियों को

जिन में लदता है
अमीरों का माल

अंधेरा
इतना घना है

अब मालगाड़ियों
को नहीं दिखते
मजदूरिए

थोड़े पर नजर

गरीब के सब्र की परीक्षा ना लो
बहुत थोड़े में
गुजर बसर कर लेता है
उस थोड़े पर नजर मत डालो

कई तानाशाह आए
इतिहास में
शक्तिशाली अपार
जिनके शब्द
कानून थे
सेना पहरेदार
ना चुनाव, न लोकतंत्र
न कोई न्यायालय

हिटलर औरंगजेब
ब्रिटिश साम्राज्य
जैसे कई

लेकिन
जिस दिन
गरीब निहत्थे
कमजोर लोग
उठ खड़े हुए

धराशाही हो गए
तमाम
जल्दी ही
छूट गए सब चाटुकार

गरीब के सब्र की परीक्षा ना लो
बहुत थोड़े में
गुजर बसर कर लेता है
उस थोड़े पर नजर मत डालो

सौदा

पालस्टिक की
पुरानी बोतल में
सौ ग्राम तेल
थोडा सा आटा
दो-चार आलू प्याज़
मजूरो की भाषा में
इसे सौदा
कहते है
हासिल होता है
दिन भर की
हाड़-तोड़ मजूरी
के बाद
यह मात्र रोटी
नहीं जशन है
आज रात
भूखा नहीं सोयेगा
परिवार

लेखक परिचय: राजेश भारद्वाज

अनुभवों की दहलीज से शब्दों के सफ़र तक

राजेश भारद्वाज केवल एक नाम नहीं, बल्कि उन अनगिनत रास्तों, चेहरों और कहानियों का एक जीवंत संकलन हैं, जिन्हें उन्होंने पिछले पाँच दशकों में जीया है । राजस्थान की मरुधरा की तासीर और जयपुर की विरासत को अपने व्यक्तित्व में समेटे राजेश जी का जन्म 1971 में हुआ ।

कलम और कानून का अनूठा संगम

राजनीति विज्ञान में स्नातकोत्तर और विधि (LLB) की शिक्षा ने उनके दृष्टिकोण को एक दार्शनिक विस्तार और तार्किक आधार प्रदान किया । राजस्थान उच्च न्यायालय के अधिवक्ता के रूप में वे न्याय की चौखट पर खड़े होकर समाज के सच से रूबरू होते हैं । लेकिन एक वकील की दलीलों के पीछे कहीं न कहीं एक कवि का हृदय हमेशा धड़कता रहा, जो धाराओं के बीच छिपी मानवीय पीड़ा को पढना जानता है। कानून उनके लिए केवल पेशा नहीं, बल्कि सत्य की वह खोज है जो अंततः कविता में जाकर विश्राम पाती है। उनकी पहचान केवल कोर्ट-कचहरी के गलियारों तक सीमित नहीं है। सामाजिक सरोकारों के प्रति उनकी प्रतिबद्धता उन्हें 'अकादमी फॉर सोशियो-लीगल स्टडीज' और 'संधान ' (Sandhan) शिक्षा एवं विकाश अध्ययन संस्थान जयपुर जैसी संस्थाओं से जोड़ती है, जहाँ उन्होंने वर्षों तक परामर्शदाता और संकाय सदस्य के रूप में जमीनी स्तर पर कार्य किया है । उन्होंने 'लोक जुम्बिश' और 'शिक्षाकर्मी' जैसे महत्वपूर्ण शैक्षिक आंदोलनों में अपनी सक्रिय भागीदारी से राजस्थान के दूरदराज इलाकों में शिक्षा की अलख जगाई है ।

एक घुमक्कड़ की दृष्टि और कलाकार का मन राजेश जी के व्यक्तित्व का एक अत्यंत रोचक पहलू उनका 'इंक्रेडिबल इंडिया' से राजस्थान के इतिहास, धरोहर एवं कला संस्कृति के प्रति घर जुड़ाव रहा होना रहा है । इतिहास के झरोखों से पर्यटकों को रूबरू कराते हुए उन्होंने न केवल किलों और महलों की गाथाएँ सुनाईं, बल्कि उन खामोश पत्थरों में छिपी कविताओं को भी महसूस किया। उनकी कलात्मक प्रतिभा का प्रमाण आकाशवाणी बीकानेर स्टेशन पर एक 'बी-ग्रेड' रेडियो नाटक कलाकार के रूप में उनकी मान्यता है । शब्दों के उतार-चढ़ाव और आवाज की जादूगरी ने उनकी काव्य संवेदना को और अधिक प्रखर बनाया है।

साहित्यिक सृजन और विजन पत्रकारिता और जनसंचार से कैरीअर के शुरुआती दौर में जुड़े रहे बाद में इंटरनेशनल इंस्टिट्यूट फॉर मीडिया एंड फ़िल्म्स में Dean के पद पर कार्यरत रहे। राजेश जी लेखन की शक्ति को भली-भांति समझते हैं । उनके पास अनुभवों का एक विशाल संसार है–चाहे वह उत्तराखंड की महिलाओं के साथ समाख्या प्रोजेक्ट में किए गए प्रशिक्षण कार्यशाला का अनुभव हो, या दक्षिणी राजस्थान के प्रवासी बच्चों के संघर्षों पर की गई रिसर्च । यह कविता संग्रह उन्हीं गहन सामाजिक अनुभवों, मानवीय संवेदनाओं और जीवन के विविध रंगों का एक काव्यात्मक निचोड़ है।

उनकी कविताओं में जहाँ एक ओर न्याय की पुकार है, वहीं दूसरी ओर एक कलाकार की कोमलता और एक मार्गदर्शक की दूरदृष्टि भी है। यह संग्रह पाठक को केवल शब्दों से नहीं, बल्कि एक ऐसे जीवन दर्शन से जोड़ता है जो निरंतर सीखने, सिखाने और समाज को बेहतर बनाने की प्रक्रिया में विश्वास रखता है ।

संपर्क - राजेश भारद्वाज
adv.rb@icloud.com